AF399767

DÉJATE LLEVAR

Las claves para disfrutar del momento

Por Elise Savaro
Traducido por Laura Soler Pinson

Salud y bienestar   50MINUTOS.es

CÓMO DEJARSE LLEVAR

- **¿Problemática?** Si bien la noción de dejarse llevar, dejar ir o soltarse se sitúa en el centro de las obras de desarrollo personal, lo cierto es que sigue siendo muy misteriosa. ¿De qué debemos deshacernos para arraigarnos en el presente? ¿Y qué significa realmente «vivir el momento presente»?
- **¿Meta?** Tomar conciencia de que no siempre podemos cambiar o influir en el curso de las cosas, pero que, en cambio, es posible modificar el punto de vista desde el que las miramos y la forma de entenderlas.
- **¿Preguntas frecuentes?**
  - ¿Todo el mundo es igual ante la noción de dejarse llevar?
  - ¿Los niños se dejan llevar más fácilmente?
  - ¿Qué dificulta el dejarse llevar?
  - ¿Hasta dónde debemos dejarnos llevar?
  - ¿Cuál será el mejor método con el que lograré dejarme llevar?

Dejarse llevar: una expresión muy utilizada en la actualidad, pero que pocos entienden realmente. A menudo, se nos presenta la noción como una obligación, como un objetivo que alcanzar, y como algo fácil de hacer. ¿Nunca has escuchado cómo alguien de tu entorno te aconsejaba que te dejaras llevar cuando estabas atormentado o estresado? Sin embargo, ¿hay algo más difícil que dejarse llevar, precisamente cuando nos sentimos atrapados por nuestros problemas?

Algunos filósofos, como Alexandre Jollien, nos invitan a «dejar incluso el dejarse llevar»[1] (Jollien 2012), es decir, a no considerar el dejarse llevar como una nueva obligación, sino más bien como la posibilidad de aceptar sin dramas algunos acontecimientos desagradables o contra los que no podemos hacer nada, y relajarnos. Esto no significa tener una actitud derrotista o pasiva. ¡Al contrario!

Para que puedas comprender mejor esta noción, incluimos una pequeña historia muy concreta, que los estudiantes de psicología conocen:

---

1. Cita traducida por 50Minutos.es

En Malasia, existe una práctica de caza tradicional de los monos que consiste en cortar una nuez de coco en dos, vaciarla para poner unos granos de arroz y volver a cerrarla dejando una pequeña apertura. El mono, seducido por las frutas colgadas de los árboles, mete la mano en la nuez de coco para coger el arroz. Atrapado por la nuez de coco que se cierra, se pone a gemir y a gritar, aunque es totalmente capaz de sacar la mano y escapar de los cazadores. ¿Por qué el mono no suelta el arroz para salvarse? Porque se aferra demasiado a su botín. Y esto es lo que nos ocurre a nosotros también. Nos aferramos a nuestros pensamientos porque nos falta perspectiva, distancia.

Aunque es cierto que tenemos que enfrentarnos a muchos más problemas que los monos, dado que somos seres pensantes y que solemos complicarnos la vida, también tenemos la capacidad de observarnos y de corregir nuestro comportamiento para no dejarnos guiar más por nuestros automatismos.

El objetivo de esta obra es definir con mayor precisión el concepto de dejarse llevar, presentar distintas técnicas para dirigirte hacia este relajamiento —que, volvemos a insistir, no es una renuncia o una derrota, sino un bienestar mayor— y ayudarte a poner en práctica estas técnicas en función del contexto.

COMPRENDER EL CONCEPTO DE DEJARSE LLEVAR

EL CONTROL Y EL APEGO: LAS ANTÍTESIS DE LA NOCIÓN DE DEJARSE LLEVAR

Para comprender mejor el concepto de dejarse llevar, hay que interesarse por la idea contraria, a la que podríamos asignarle la palabra «retener», y que encerraría las nociones de control y de apego excesivo.

El control

Para adaptarnos al mundo, necesitamos referencias que creamos desde nuestra infancia. Construimos nuestra visión del mundo a través de nuestra educación y de nuestro entorno, pero también gracias a nuestra personalidad. Esto nos da una consistencia y nos permite establecer una interacción más o menos armoniosa con lo que nos rodea. Controlar o querer controlar una situación nos tranquiliza. Y cuando perdemos ese poder, el estrés se apodera de nosotros.

«Llamo a la guardería al menos tres veces al día para asegurarme de que todo va bien con Ulysse y, por lo general, así es. Las cuidadoras me dicen que no sirve de nada que llame y que esto les perturba un poco su trabajo, pero no puedo decidirme a pasar un día entero sin asegurarme de que las cosas están bien. Si no lo hago, vivo en un estado de angustia terrible» (Cécile, 29 años, madre de un niño de 6 meses).

«No me siento nada cómodo cuando tengo que coger un avión, pero estoy obligado a desplazarme varias veces al mes, fundamentalmente por África y por Europa. Para tranquilizarme, la víspera de cada vuelo, tengo un libro en la mesita de noche que me explica cómo funciona el avión y el riesgo mínimo que corro. En el avión, tengo la costumbre de observarlo todo y, en cuanto encuentro algo inhabitual, llamo a algún azafato para preguntarle. Esto me quita el estrés, tengo la sensación de volver a tener el control de ese miedo que se asemeja a un avión loco» (Miguel, 42 años).

El apego

El apego es el hecho de otorgar importancia a valores, a ideas, a sentimientos y a elementos de nuestro entorno y, por supuesto, a personas. Nuestro ego, nuestra personalidad nos hace creer que sería muy difícil abandonar estos apegos, que estaríamos tristes o seríamos desgraciados si se nos escaparan o, incluso, que no podríamos vivir sin ellos.

Hay que reconocer que todo aquello que nos constituye desde nuestra infancia es también el material con el que nos construimos y gracias al que también podemos deconstruirnos. Lo que ya no existe provoca que en nuestra mente nazcan sentimientos de arrepentimiento, de nostalgia y, a un nivel más pernicioso, mucha pena, ansiedad e, incluso, sentimientos depresivos.

Citemos, por ejemplo, el caso de los inuit en Groenlandia, que desde hace años sufren cambios ambientales y culturales importantes (difusión de la cultura occidental, sedentarización, deshielo y alteración de la fauna y de la flora). Todas estas mutaciones han generado la desaparición de un modo de vida tradicional y ancestral del que dependía el equilibrio físico y psicológico de los autóctonos. Así, el alcoholismo, la depresión y la obesidad han surgido como nuevos problemas de salud pública, desconocidos hasta entonces. La brutalidad con la que se ha producido la aculturación no les ha permitido tomar la distancia necesaria, encontrar nuevas formas armoniosas de existir y, de esta manera, deshacerse del sentimiento de pérdida.

El tiempo también desempeña un papel fundamental en el proceso de apego, ya que, en cierta medida, arraiga al ser humano en su entorno: cuanto más te quedas en el mismo apartamento, más objetos, muebles y recuerdos acumularás, y más te costará mudarte. Te sentirás triste por abandonar el lugar en el que se han producido tantos acontecimientos. O lo abandonarás porque, de repente, ha ocurrido algo negativo, como por ejemplo un robo, pero esta reacción se acerca más una huida que a dejarse llevar realmente.

Otra dificultad para dejarse llevar: ¡nuestra mente!

La función natural de nuestro cerebro es pensar. Sin siquiera darnos cuenta, estamos pensando todo el tiempo y, cuando pensamos, llevamos a cabo una especie de selección en medio de ese revoltijo de pensamientos. Pero cuando usamos demasiado nuestro cerebro, empieza a funcionar mal. Esta tendencia natural se ve exacerbada por el contexto de una época que apela en cada momento a nuestra mente: internet, los *smartphones* y demás aparatos conectados, que han aparecido en estos últimos años, son estímulos que llaman nuestra atención a lo largo de todo el día y que terminan por asaltarnos. Estas nuevas formas de comunicación instantánea se añaden a nuestro día a día, que ya es estresante, y a una sobreinformación que no es realmente positiva y que nos expone a una visión del mundo muy compleja y, con frecuencia, muy dura. Además de esto, nuestras responsabilidades se van acumulando según vamos envejeciendo: niños, trabajo, dificultades en las familias recompuestas, problemas financieros, etc.

Este exceso de responsabilidades y de información satura nuestro cerebro, que ya no puede funcionar de forma serena y fluida. El vaso está lleno y, por consiguiente, resulta muy difícil dejarse llevar. De ahí la necesidad de despejar, de volver al silencio, a lo esencial. El cerebro necesita calma, vacío para funcionar —incluso aunque este vacío sea una ilusión óptica, puesto que el cerebro siempre está activo—.

Empecemos por calmar el ruido y la agitación de los que podemos prescindir. Por ejemplo, podemos decidir no leer y responder a los correos electrónicos y a los mensajes de móvil en cuanto los recibimos. Tampoco estamos obligados a escuchar las noticias cada día. Debemos crear un poco de vacío, ya que no podemos traer cosas buenas a nuestra alma si no descargamos primero nuestra mente de todo lo que la satura.

Mecanismos de supervivencia

El control y el apego son dos fenómenos de adaptación y de supervivencia que, paradójicamente, también pueden hacernos infelices, apresarnos y limitarnos hasta el punto de aislarnos de la experiencia de la vida.

Si tenemos una visión del mundo muy definida y no queremos que evolucione porque se corresponde con lo que consideramos un ideal, no nos adaptaremos a la vida y no recibiremos las cosas inesperadas que puede ofrecernos. La vida es variable, compleja, múltiple, y es realmente importante que seamos conscientes de ello. Desde hace muchos siglos, se conoce esta realidad gracias al concepto de impermanencia, que retoman las filosofías orientales y que muchos filósofos occidentales contemplan desde un punto de vista algo diferente desde la Antigüedad.

El concepto de impermanencia

Tomemos como ejemplo la noción de impermanencia tal y como aparece en el budismo, la filosofía oriental más famosa en Europa, con la vía del yoga. La impermanencia, también llamada Anitya, es una de las características que encontramos en todas las cosas: nada es inmutable; todo nace, evoluciona y termina por desaparecer. Este estado de impermanencia causa sufrimiento (Dukkha). En efecto, el budismo considera que lo que es impermanente no es satisfactorio y lleva al sufrimiento, ya que tendemos a apegarnos a las cosas de forma natural. Estos vínculos que creamos con las cosas y con las personas de nuestro entorno nos tranquilizan y parecen llenarnos. Sin embargo, de forma bastante paradójica, esta impermanencia permite un progreso espiritual. La impermanencia y el sufrimiento que derivan de ella ayudan a tomar conciencia de que nuestra mente es enormemente cambiante y está sometida a nuestras emociones. Esta toma de conciencia nos lleva a mejorar.

El camino para despertar consiste en estabilizar nuestra mente, en desprendernos de nuestras emociones. La meditación, que es la principal forma para llegar a ese despertar, permitirá a la mente resistir al sufrimiento. De alguna manera, la persona que despierta alcanza la estabilidad en un mundo inestable. Pero la estabilidad requiere incorporar la aceptación de ese mundo cambiante.

En la práctica, nacemos, nos convertimos en niños, adolescentes y adultos, y envejecemos; empezamos nuevos proyectos, conocemos a nuevas personas y también perdemos a otras. Algunas experiencias son agradables y favorecen nuestro desarrollo, mientras que otras nos parecen desagradables, injustas, completamente inútiles y pensamos que nos obligarán a retroceder.

Es cierto que se puede llevar a cabo una selección para guardar solo lo mejor, pero también podemos convencernos de que es la suma de nuestra experiencia lo que nos hace más humanos y empáticos. Y es que la empatía es un sentimiento que alivia, tanto a nosotros mismos como a los demás. Todos los seres humanos son capaces de sentir sufrimiento y alegría, y esta comprensión nos lleva a la empatía, al amor universal y, por lo tanto, a una cierta paz mental.

¿POR QUÉ ES TAN DIFÍCIL DEJARSE LLEVAR?

Tal y como hemos visto, la dificultad de dejarse llevar está fundamentalmente relacionada con nuestra mente y nuestras emociones perturbadoras, que nos impiden vivir nuestra vida de manera más adaptada y fluida. Junto a esto, algunos apegos también pueden provocar que sintamos pena cuando se rompe el vínculo. Pensemos, por ejemplo, en:

- la pérdida de un ser cercano, ya sea por un fallecimiento, una separación o un alejamiento;
- la pérdida de una actividad, de un trabajo;
- una mudanza;

- el declive de nuestra juventud, de nuestra salud, de nuestra condición física;
- etc.

En estos casos, nos resulta particularmente difícil aceptar la situación tal y como se presenta ante nosotros y tomar conciencia de que no podemos cambiar nada, a pesar de todas las acciones que llevamos a cabo.

Esta dificultad para dejarse llevar también puede ser visible a través de las pequeñas cosas del día a día que consumen nuestra energía, como:

- obcecarse en querer encontrar una solución a un problema que nos bloquea desde hace tiempo;
- la preocupación que sentimos por cosas que no podemos controlar por completo, como las notas de nuestros hijos;
- querer ser perfectos para los demás;
- etc.

Todos estos elementos nos frenan en nuestro proceso de dejarnos llevar y nos impiden vivir de una forma más serena.

¿CÓMO DEJARSE LLEVAR?

LAS CLAVES PARA LOGRARLO

Aceptar los límites

La primera actitud que debemos adoptar es la de aceptar los límites de la realidad y reconocer nuestros propios límites. Los primeros vienen definidos por los límites materiales: el tiempo, el espacio, etc.; los segundos son de tipo psicológico (¿Soy paciente? ¿Tengo algún talento para los idiomas o las matemáticas?) o de tipo físico (¿Mi salud me permite correr una carrera de 100 metros?).

Estos últimos son maleables en cierta medida, algo que no suele ser el caso de la realidad física exterior. Pongamos un ejemplo muy sencillo. Si quiero cruzar un pequeño arroyo sin puente sin mojarme los pies, solo habrá dos opciones: o lo cruzo y me mojo, o no cruzo ese curso de agua. Si se me nubla la mente por la ira o por la frustración, o si decido esperar con firmeza a que el lecho del arroyo se seque —¡y a lo mejor va para largo!—, me estoy negando a aceptar los límites de la realidad. Los pensamientos desagradables que siento no cambiarán las leyes físicas y naturales. En cambio, si acepto esta realidad física, entonces puedo optar por remontar el curso del río hasta que haya un paso seco o aceptar la molestia de seguir mi paseo con los pies y los zapatos húmedos, sabiendo que acabarán secándose.

CAMBIA TU FORMA DE MIRAR EL MUNDO

Presentamos un pequeño ejercicio para cambiar tu forma de mirar las cosas cuando estés de mal humor.

En primer lugar, anota en un trozo de papel lo que te perturba y te pone de mal humor últimamente y en este preciso instante. Cuando hayas terminado, cierra los ojos. Imagina que caminas por un magnífico parque en una bonita mañana de verano. El aire es suave; puedes escuchar cómo cantan los pájaros. Sientes la ligera humedad del rocío de la mañana, el suave calor de los rayos del sol que acarician tu rostro; el agradable olor de las rosas y del jazmín penetra por tu nariz. Visualiza la escena y siente todo lo que te resulta grato. En tu camino, te cruzas con otros paseantes que te sonríen y a los que les devuelves la sonrisa. Todo es perfecto y absolutamente ideal.

Cuando te sientas preparado, abre los ojos. Retoma tu trozo de papel y observa cómo acaba de cambiar tu punto de vista sobre las cosas. Si quieres, puedes escribir la forma en la que ves tus problemas ahora y anotar los cambios que se han operado.

Repite el ejercicio siempre que te asalten pensamientos negativos y relee tus antiguas notas. Te ayudarán a relativizar y a recordarte las capacidades extraordinarias que posee tu mente.

Gracias a este ejercicio, sabes que puedes cambiar tu forma de ver las cosas. Ante cualquier circunstancia, tu mente es libre. Ser consciente de ello es muy importante y te ayudará en todas las situaciones de la vida.

Por supuesto, trabajar la aceptación de los límites solo es posible cuando conocemos el mundo que nos rodea y, más especialmente, cuando sabemos los parámetros de un problema. Así pues, este tipo de trabajo no podrá ser efectuado por un niño, que llora o se enfada porque a menudo no entiende la razón de los límites que se le imponen. Suele bastar una breve explicación para calmarlo. De esta manera, si prohíbes a un niño de 2 años que toque una tetera hirviendo sin darle explicaciones, en seguida se echará a llorar; en cambio, si le explicas que probablemente se quemará, abandonará más fácilmente el sentimiento de injusticia que lo habrá llevado al enfado.

Igualmente, a un adulto que permanece en la incertidumbre o que no comprende una situación puede costarle dejarse llevar. Por lo tanto, es importante que nos tomemos un tiempo para informarnos más, cuando sea posible. Hablar, interactuar con amigos o seguir una terapia también puede ayudarnos a tomar conciencia de una manera más clara sobre nuestros límites y a aceptarlos con una mayor serenidad.

Aceptar tus emociones

Aunque, por lo general, podemos dominar nuestros sentimientos de frustración en cuanto somos conscientes de que no sirven para nada, es más difícil lograrlo cuando se trata de acontecimientos con una carga afectiva y emocional. Por ejemplo, al perder a un ser querido, resultará más interesante centrar nuestro proceso de dejar ir en nuestro exceso de voluntad en querer superar nuestro sufrimiento, en nuestro deseo de olvidar y de avanzar demasiado rápido. En efecto, muchos son los que reprimen sus emociones, en vez de intentar gestionarlas. Sin embargo, esto puede tener consecuencias nefastas en la salud psíquica y, a veces, incluso en la física.

Estas emociones que experimentamos son normales, y sería injusto reprimirlas con dureza. Observémoslas más bien como un objeto externo. Esto nos ayudará a vaciarlas de afecto, ya que no nos identificaremos directamente con ellas, es decir, abandonaremos la tendencia inconsciente a creer que yo = la ira que siento o que yo = la tristeza que me invade. Todas estas emociones son transitorias y no representan nuestro ser profundo, la persona que somos realmente.

Y es que somos la suma de todas nuestras emociones, nuestra experiencia, nuestros ideales, etc. A veces estamos felices y a veces estamos tristes. Todo eso es transitorio. Si acogemos las emociones negativas con mucha comprensión, indulgencia y suavidad, terminarán por ocupar menos espacio en nuestra vida.

Evidentemente, no resulta fácil tomar distancia ante acontecimientos muy difíciles. Así pues, tenemos que empezar por aceptar esta conclusión: es cierto que estamos sometidos a duras pruebas, pero veamos ante nosotros la luz al final del túnel, la posibilidad de cambiar; recordemos que tenemos la libertad de pensar de otra manera, por muy dura que sea la situación. Aceptemos que no existen los milagros, pero que unas simples cosas pueden ayudarnos a superar nuestra pena.

ALGUNOS TRUCOS PARA SUPERAR UNA ADVERSIDAD

Para poner distancia entre nosotros y nuestros pensamientos negativos frente a un acontecimiento dramático, intentemos:

- no aislarnos. Es importante que nos mantengamos en contacto con los demás, cercanos o menos cercanos, que nos comuniquemos. La empatía y la ayuda a los demás refuerzan la moral y la autoestima;
- seguir viviendo con normalidad (trabajar, hacer la compra, mantener una vida social). El hecho de aferrarse a las pequeñas cosas del día a día y decirse que cada una de esas cosas es vital nos ayudará a ir mejor. Es fundamental conceder importancia incluso a los gestos que parecen anodinos (bostezar, caminar, mirar la calle, observar a nuestro hijo, etc.).

Esto ayudará a que nuestra mente se calme y a eliminar las emociones negativas, llevando nuestra atención hacia nuestras sensaciones y hacia una realidad más suave.

Si no podemos hacer eso constantemente y si nuestras ideas negativas vuelven a manifestarse, solo debemos convencernos de que no pasa nada. Aceptemos esos pensamientos, tengamos en mente que acabarán por atenuarse y, quizás, incluso desaparezcan.

Observar tus pensamientos

Resulta muy útil ser conscientes de cómo pensamos y del contenido de lo que pensamos sin identificarnos con esos pensamientos. Esta toma de conciencia nos desvelará toda una serie de tendencias que se esconden dentro de nosotros y que tienen una acción nefasta en nuestro ser. Esa propensión puede ser a:

- dar vueltas al pasado sin parar. Dado que el pasado se ha quedado atrás, pensar constantemente en él solo tiene el efecto de alimentar nuestro resentimiento y nuestra tristeza. En cambio, es totalmente posible sacar conclusiones constructivas;
- temer el fracaso. El temor a fracasar nos paraliza, pero si recibimos con benevolencia los desafíos que se presentan ante nosotros, podemos evolucionar y desarrollarnos;
- tener miedo al futuro. Preocuparse por cosas que podrían suceder en un futuro más o menos cercano solo tiene como efecto que nos estanquemos. Indudablemente, se producirán imprevistos, pero ¿acaso no es esa la belleza de la vida? En cambio, es mucho más constructivo aprender a reconocer aquello sobre lo que

tenemos un control real para poder actuar lo mejor posible sobre esos elementos;
- preocuparse por el otro. La preocupación no es sinónimo de amor, e inquietarse demasiado por uno de nuestros seres cercanos no lo ayudará en nada. Al contrario: probablemente desarrollará una falta de confianza en él y en sus capacidades;
- encontrarnos defectos. Todos tenemos defectos; pero la buena noticia es que también tenemos cualidades. Los defectos y las cualidades conforman la riqueza de cada individuo.

Estos pensamientos, que a veces pueden convertirse en obsesivos, también nos impiden ver el lado positivo. Así pues, algunas personas tienden a fijarse demasiado en los aspectos negativos, cuando lo positivo es realmente reconfortante. De hecho, podemos desarrollar nuestras cualidades y trabajar en nuestros defectos. Incluso aunque no podamos cambiarlo todo, sí que tenemos la posibilidad de influir en muchas cosas: no puedo cambiar de edad, pero puedo decidir moverme, hacer deporte para mejorar mi salud y, por ende, sentirme más joven. Y, todavía más sencillo, puedo decidir aceptar mi edad, con sus alegrías, sus penas y sus problemas.

TÉCNICAS PARA DEJARSE LLEVAR

La respiración

Cuando estamos preocupados, nuestra respiración suele ser entrecortada, rápida y poco honda. Incluso puede suceder que retengamos la respiración. Sin embargo, cuando estamos tranquilos y relajados, por lo general nuestra respiración es amplia y regular. Además, muchas personas se limitan a respirar con la parte alta del cuerpo (respiración clavicular). Sin embargo, se trata de la respiración que llevamos a cabo cuando nos sentimos amenazados. En efecto, la respiración clavicular forma parte de una reacción del sistema nervioso simpático que nos permite reaccionar en caso de amenaza o de estrés. Sin embargo, la vida moderna solicita tanto nuestro sistema nervioso simpático que, a menudo, termina por agotar nuestro organismo. Por su parte, el sistema nervioso parasimpático, que ralentiza nuestras funciones y nos tranquiliza gracias a una acción contraria al sistema simpático, ya no es capaz de devolvernos el equilibrio.

Por lo tanto, la respiración clavicular tiene un efecto excitante en el sistema nervioso, al igual que la respiración torácica. La primera, que se lleva a cabo a la altura de nuestras clavículas, tal y como su nombre indica, suele ser la respiración de las personas muy ansiosas, que piensan constantemente. La segunda se efectúa a la altura de nuestras costillas. Es una respiración que es más bien excitante también, y que emplean más a menudo y de forma inconsciente las personas estresadas y nerviosas, aunque es menos extrema en sus efectos negativos que la respiración clavicular.

En el lado opuesto de estas respiraciones altas, que excitan el sistema nervioso, existe un tercer tipo llamado respiración baja o abdominal. Esta tiene propiedades relajantes y fortalece nuestro sistema parasimpático.

Evidentemente, el equilibrio ideal es combinar la respiración clavicular, la torácica y la abdominal: es la respiración completa. Esta técnica permite que la sangre y la energía circulen por todo el cuerpo, por lo que este funciona de forma equilibrada y armoniosa.

Como puedes ver, la mente y la respiración están estrechamente vinculadas. Los yoguis, los monjes budistas y los maestros zen se han basado en este principio de interacción psicosomática para poner a punto sus técnicas de meditación y de respiración que ayudan a que los alumnos se dejen llevar y vivan mejor.

La respiración contribuye a que nos dejemos llevar porque ayuda a desplazar nuestra mente de los pensamientos a las sensaciones del aquí y del ahora y, después, a tomar aliento puro. Cuanto más pura sea la sensación, más nos acercaremos de lo que las técnicas orientales llaman el Soi (que también podríamos llamar «alma»). De alguna manera, se trata de lo hondo de nuestro ser, libre de nuestras construcciones mentales y del condicionamiento que hemos vivido desde la infancia.

Al empezar, observaremos todo lo que sucede en torno a nosotros, en nuestro cuerpo, pero también todos los pensamientos, simples o perturbadores que aparecen en nuestra mente. A continuación, seremos conscientes de nuestra respiración y de su sencillez. Debemos recordar que todo esto se hace con suavidad, y que no buscamos alcanzar un objetivo.

El propio ejercicio de respiración ya puede resultar muy liberador y ayudar a dejarse llevar de forma instantánea. No obstante, solo si lo practicamos a diario y de forma regular podremos entrenar nuestra mente para que lo haga de una manera cada vez más sencilla.

La respiración basada en el objetivo de la mente

Cunado experimentes un sentimiento negativo (ira, obsesión, tristeza, etc.), concéntrate en tu respiración para atenuar esa emoción.

La técnica es sencilla:

- cuando espiras, aleja la ira, la tristeza;
- cuando inspiras, inhala alegría, confianza, paz.

Repite el ejercicio varias veces hasta que te sientas mejor.

La respiración simple

También puedes concentrarte en el aire que entra y que sale por tu nariz, suavemente y sin forzar, mientras estás sentado (en el suelo con las piernas cruzadas o en una silla) con la espalda recta, o acostado. Toma aire, expulsa el aire y, sobre todo, tómate tu tiempo para sentir los beneficios.

La respiración de las fosas alternadas

Seguimos con la respiración por la nariz. Puedes practicar la respiración yóguica llamada *nadi shodhana* («purificación de los *nadis*», donde los *nadis* son los canales energéticos definidos por los yoguis que, en líneas muy generales, se corresponden con nuestro sistema nervioso y circulatorio, relacionados también con los canales energéticos de la medicina china). Resulta muy eficaz para apaciguar la mente, despejarla y refrescarla. Debe ser fluida y natural.

Se lleva a cabo con ayuda de una *mudra* (o gesto preciso y simbólico para los yoguis) de la mano. Durante el ejercicio, la mano derecha se queda a la altura de la nariz para bloquear las narinas; la abrimos y flexionamos el índice y el corazón contra la palma. El pulgar que se queda libre servirá para tapar la narina derecha. El anular y el meñique se ocuparán de la izquierda. Encontrarás fácilmente qué lugar de las narinas debes presionar para frenar el paso del aire. Por lo tanto, la mano se queda a la altura de las narinas mientras dura todo el ejercicio. Verás que este gesto en seguida te parece natural.

Presentamos un dibujo que te ayudará a comprender qué gestos debes efectuar:

Respiración *nadi shodhana*

Hagamos juntos el ejercicio.

Repite diez veces el ciclo que viene a continuación.

1.

Inspira por la narina izquierda, bloqueando la narina derecha con el pulgar de la mano derecha.

2.

Espira por la narina derecha, bloqueando la narina izquierda con el anular y el meñique de la mano derecha.

Inspira por la narina derecha mientras la narina izquierda sigue bloqueada.

Espira por la narina izquierda mientras bloqueas la derecha.

Consejos

Es inútil que fuerces la respiración. Respira con la mayor naturalidad posible. Poco a poco, podrás alargar la duración de tu respiración. Entonces, observarás un efecto cada vez más profundo. Se instalará una calma interior.

La respiración ventral

También puedes entrenarte con la respiración diafragmática (el diafragma es el músculo principal de la respiración). Esta respiración ventral actúa en profundidad sobre todos los músculos, nervios y vísceras y, por lo tanto, tendrá el efecto de calmar la mente, de fortalecerte contra el estrés. Si se practica a diario, lleva a una fuerza mental positiva y aleja los pensamientos negativos.

Acuéstate con las rodillas flexionadas y con una mano sobre el vientre. Inspira dejando que el aire entre suavemente en el vientre, que se hincha. Espira contrayendo ligeramente el vientre. La espiración es más «activa» que la inspiración. Sobre todo, no fuerces nada; la respiración debe ser lo más fluida y natural posible.

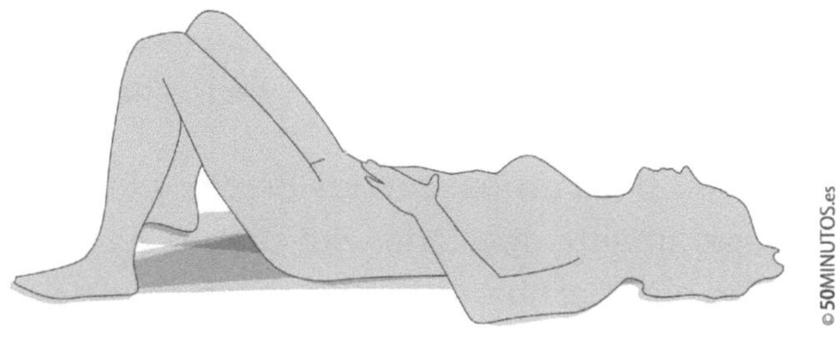

Lo ideal es practicar esta respiración ventral antes de irte a dormir. Te ayudará a tener una noche serena.

La relajación

Existen muchas técnicas de relajación. La mayoría valdrán para dejarse llevar, puesto que se trata de calmar los pensamientos y las emociones negativas a través del apaciguamiento.

Para los dos ejercicios propuestos, apuesta por la posición acostada boca arriba. También puedes sentarte si te sientes mejor en esta posición. Lo importante es estar posicionado lo más cómodamente posible. No dudes en cubrirte con algo de abrigo, como una pequeña manta, ya que la relajación hace que baje la temperatura del cuerpo.

Relajarse imaginándose en una situación agradable o rememorando un recuerdo feliz

Acostado boca arriba, con los brazos y las piernas ligeramente apartadas del cuerpo y con las palmas hacia arriba, o sentado, con la espalda muy recta, y los ojos cerrados. Si estas acostado, siente todos los puntos de apoyo de tu cuerpo con el suelo: gemelos, muslos, glúteos, omoplatos, talones, brazos, antebrazos, dorso de las manos, parte trasera de la cabeza. Si estás sentado, siente tus puntos de apoyo bajo los glúteos, a la altura de los isquiones. Una vez que estés bien situado en tu silla o encima de tu alfombra, deja que te invada la relajación, perdiendo el control que tienes sobre tu cuerpo. No olvides relajar el rostro y la mandíbula, que a veces solemos apretar si estamos estresados.

Relájate pensando en vacaciones agradables, en un momento gracioso con amigos, o piensa en un lugar al que le tienes un aprecio especial, y mantente en el escenario que haya escogido tu memoria. Recuerda todas las sensaciones, ya sean sonoras, visuales, olfativas e, incluso, gustativas. Visualízate en medio de estas sensaciones. Siente lo bien que estás en ese lugar. Tómate tu tiempo de verdad y disfruta de ese maravilloso instante.

Tu respiración es amplia, tranquila y regular.

Visualiza tu sonrisa, siente cómo inunda todo tu cuerpo. Déjate llevar por ese momento de paz y de alegría.

Visualizarse imaginándose liberado de un problema

En la misma postura que el ejercicio anterior, imagínate liberado de tu problema y, simplemente, visualiza cómo has logrado superarlo, con un poco de esfuerzo o más difícilmente. Sé consciente de las sensaciones que acompañan tus pensamientos. Observa cómo algunos pensamientos son agradables, mientras que otros son irritantes. Observa cómo eres a la vez justo, indulgente y suave contigo mismo.

Puedes terminar esta relajación con una visualización de tu respiración. Respira naturalmente por la nariz, haz que el aire penetre suavemente en todo tu cuerpo relajado. Observa cómo ha aparecido una maravillosa sonrisa en tu rostro. Eres feliz y estás en armonía contigo mismo.

No obstante, no emplees esta técnica si tu problema es demasiado grave o si no ves una solución. Sin duda, eso significa que necesitarás ayuda o más tiempo para aclararte. Si te encuentras en esta situación, puedes recordar antiguos problemas que has logrado resolver o que se han resuelto por sí mismos. Esto consolidará tus propias capacidades y tu confianza en la vida.

La meditación y la conciencia plena

La meditación es el trabajo de la observación y de la concentración de la mente con el objetivo de tranquilizarla. Su acción inmediata es arraigarnos en el aquí y el ahora. Así pues, no tiene nada que ver con la ensoñación y no se trata realmente de una forma de relajación, ya que, en gran parte, es activa. Nos mantenemos en vigilia, pero estamos relajados.

Por ejemplo, si optas por la postura sentada en el suelo con las piernas cruzadas, o sentada en una silla, intentarás que tu columna vertebral se mantenga bien recta, sin ponerte tenso. Y el resto de tu cuerpo estará relajado. Esto te ayudará a no dormirte y ayudará a una buena circulación básica desde tu columna hasta tu cerebro.

La meditación existe desde hace miles de años y ha llegado hasta nosotros a través de distintas doctrinas espirituales. Pero con el reconocimiento de las virtudes de estas técnicas por parte de la ciencia moderna, la meditación ha perdido la connotación religiosa que muchos le atribuían. Desde un punto de vista médico, algunos investigadores han descubierto recientemente que tiene un efecto beneficioso en el cuerpo (tranquiliza la respiración, el pulso, etc.), pero que también modifica la propia estructura del cerebro, permitiendo la creación de nuevos circuitos neuronales. Además, refuerza nuestro sistema nervioso parasimpático.

La meditación y la conciencia plena te ayudarán a dejarte llevar tranquilizando la mente, visualizando tus problemas con desapego y observando cómo piensas, cómo sientes las cosas. Al igual que para la relajación y la respiración, obtendrás más resultados con sesiones cortas y diarias —o, por lo menos, frecuentes— que con sesiones largas y muy espaciadas en el tiempo.

La meditación sentada

Elige un rincón tranquilo, donde nadie podrá molestarte, y cúbrete para no tener frío; al igual que la relajación, la meditación hace que baje la temperatura corporal.

Siéntate en una silla, con la espalda muy recta, las palmas sobre los muslos, los pies bien apoyados contra el suelo, o siéntate por el suelo, con las piernas cruzadas, sobre un pequeño cojín o una toalla enrollada, con la espalda bien recta, las manos apoyadas sobre las rodillas y las palmas hacia arriba. Si la espalda está bien recta, el resto del cuerpo está ágil y distendido. Debes estar cómodo en la postura por la que hayas optado. Los ojos estarán abiertos o cerrados.

Empieza por ser consciente de tu postura, de cada una de tus sensaciones. Observa o visualiza (si tus ojos están cerrados) tu entorno. Escucha los sonidos cercanos o lejanos, siente los olores, la humedad o la sequedad del aire. Poco a poco, toma conciencia de los pensamientos que atraviesan tu mente. Obsérvalos como objetos. Mira cómo vienen y desaparecen. Observa esos movimientos incesantes. No juzgues nada. Simplemente, mira. Pasa una emoción, nota cómo te afecta y también cómo puedes mostrar una indiferencia total hacia ella. Mantente flexible y receptivo con tus sensaciones y tus pensamientos. Si quieres, alarga tu meditación con algunos ejercicios respiratorios. Puede que sigan pasando sensaciones y pensamientos. Limítate a observarlos y, a continuación, deja que se vayan. Prosigue en tu estado distendido. Puedes terminar tu sesión con una pequeña relajación.

La conciencia plena en el día a día

La conciencia plena como terapia ha sido desarrollada por los psicólogos y los psiquiatras para ayudar a sus pacientes estresados y angustiados a aliviarse. Proviene directamente de la meditación budista y retoma su idea fundamental, que es tener la conciencia totalmente presente en el aquí y en el ahora.

En cierta manera, la conciencia plena es más sencilla y más fundamental, ya que permite en tu día a día que tu mente sea consciente de lo que estás viviendo o haciendo. Por lo tanto, debe practicarse en todas partes y en todo momento, sea cual sea la acción que te ocupa y la postura de tu cuerpo.

El objetivo de este ejercicio es sumergirte totalmente en la acción que estás llevando a cabo. Para ello, tendrás que utilizar tus sentidos y tu observación, y no tu juicio. Los pensamientos llegan, pero no debes buscarlos.

Te presentamos una lista no exhaustiva de actividades en las que puedes practicar la conciencia plena:

- la marcha. Concéntrate en el contacto de tus pies con el suelo, observa tu respiración, las cosas que sientes en tu cuerpo;
- la higiene, el aseo. Toma conciencia del contacto del agua con tu piel, de la suavidad del jabón;
- la comida. Mastica lentamente y disfruta al máximo de los sabores y de las texturas de los alimentos que ingieres;
- la cocina. Cocina con sencillez, pero otorga importancia a cada producto que utilices, pon cariño para ti mismo o para los demás. El simple gesto de cortar las verduras puede ser un momento muy rico;
- escuchar a otros. Pon toda tu empatía y tu escucha a disposición del otro; no juzgues, observa lo que las palabras del otro provocan en ti y déjalo ir;
- jugar con un niño. Ponte a la altura de un niño, comparte su alegría y su risa sin intelectualizar la actividad.

Otros pequeños trucos para ayudarte a dejarte llevar

El agua actúa como purificador, tanto real como simbólico. Puede ayudarte a lavar tus pensamientos, ya sea bebiendo, duchándote, yendo a nadar, haciendo una cura de talasoterapia, etc.

Selecciona también con frecuencia las cosas que ya no necesitas, tanto en el trabajo como en casa. Si piensas demasiado si guardar algo o no, oblígate más bien a dejarlo ir, a deshacerte de ello. Si piensas que ese objeto podría ser útil algún día, déjalo ir también. Puedes dar tus cosas, revenderlas o reciclarlas. No perderás nada y ganarás autoestima ayudando a otras personas y respetando el planeta.

ÚLTIMOS CONSEJOS

¡Cuídate! ¡Es fundamental! No podemos pensar correctamente cuando nos sentimos mal físicamente. Duerme el tiempo necesario para que te sientas bien, come saludablemente, muévete y respira.

Cuida también de los demás, queriéndolos, pero sin exagerar. La empatía es uno de los mejores remedios para el alma. Te ayudará a dejarte llevar y a relativizar mucho más fácilmente.

¿CÓMO MANTENERSE EN ESA ACTITUD DE DEJARSE LLEVAR?

Dejarse llevar es un trabajo diario que requiere mucha perseverancia. Nuestra mente siempre tenderá a fijarse en los pensamientos y en los problemas, pero lo hará cada vez con menos frecuencia si trabajamos para adoptar automatismos que nos impiden dar vueltas a las cosas. Se deben poner en práctica todas las técnicas que hemos propuesto en esta obra con la mayor frecuencia posible. Además, hay que tener en cuenta que somos completamente capaces de cambiar nuestra conducta, nuestro estado mental.

La plasticidad de nuestro cerebro, su capacidad para adaptarse a nuevas cosas, es casi ilimitada; pero esto requiere un esfuerzo, un trabajo. En cierta medida, es como nuestro cuerpo que necesita ejercicio para adquirir musculatura, y cuanto más fuertes sean los músculos, más fácil será el ejercicio.

Es importante creer y confiar en este mecanismo, pero no tengas demasiadas expectativas. Avanza con seguridad por la vida. Es la clave.

PREGUNTAS FRECUENTES

¿TODO EL MUNDO ES IGUAL ANTE LA NOCIÓN DE DEJARSE LLEVAR?

No. Cada uno tiene su personalidad, una situación y una experiencia vital propias. A una persona más introvertida, más sumida en sus pensamientos, le costará más dejarse llevar que a una persona orientada hacia el exterior. Lo mismo ocurre con aquellas a las que se les acumulan los problemas o que viven momentos complicados, ya que les costará tomar distancias.

Sin embargo, todo el mundo puede intentar dejarse llevar. Sal de tu cascarón, habla con la gente, intercambia tus puntos de vista, despéjate. Relativizar enfrentándose a la opinión de los demás y a la multiplicidad de la vida permite volver a tomar distancias.

Si te escondes detrás de tu problema para no enfrentarte contigo mismo o con la realidad, analiza los nuevos beneficios que podrías obtener en tu vida si tus problemas no te controlaran.

No obstante, no siempre resulta fácil darnos cuenta de que, a veces, nuestros problemas esconden otros. Intenta ser lo más honesto posible contigo mismo, obsérvate como un amigo. Para lograrlo, suele ser útil tomar distancias: vete a otro lugar, haz algo inhabitual, conoce a nuevas personas o vete a un retiro (en un lugar tranquilo, en la naturaleza, en un grupo espiritual).

También puedes intentar hablar de ti en tercera persona, como si vieses a un personaje exterior. No obstante, nunca seas demasiado indulgente o demasiado duro contigo mismo. Sé justo.

Estos distintos procedimientos y la ayuda de otra persona te ayudarán a verte, a poner las cosas en perspectiva y, al final, a descubrir el fondo del problema. Piensa en que algunas personas que tienen los mismos problemas que tú o, incluso, más graves, se toman las cosas con mucha más ligereza que tú y, a pesar de todo, logran sentirse satisfechas con su vida y llegan a estar felices. Sé consciente de todo esto, pero no te juzgues.

¿LOS NIÑOS SE DEJAN LLEVAR MÁS FÁCILMENTE?

Sí y no. Los niños pequeños a menudo se fijan en lo que quieren obtener de manera inmediata, con una determinación que a veces es impresionante y, si no lo obtienen, pueden enfadarse mucho. No obstante, al contrario que nosotros, también son capaces de abandonar por completo y en seguida el objeto de su deseo y no volver a pensar en ello si otra cosa llama su atención o si se les ha consolado.

Cuando somos adultos, tendemos a fijar nuestras emociones negativas y a guardárnoslas durante más o menos tiempo. Si pudiésemos dejarnos llevar directamente, nunca seríamos rencorosos. Así pues, no dudes en tomar ejemplo de la flexibilidad psicológica de los niños. A veces, basta con querer pensar en otra cosa para hacerlo. ¿Por qué no maravillarte continuamente con el mundo que te rodea?

¿QUÉ DIFICULTA EL DEJARSE LLEVAR?

Si nos resulta difícil dejarnos llevar con un pensamiento o con una emoción, es porque nuestra mente prefiere pensar en cosas que le ocupan y que le preocupan. Nos gusta pasar tiempo observando un problema desde todos los ángulos, examinarlo, cuando en realidad sigue obsesionándonos sin que encontremos una solución. Es un proceso adictivo, pero solo nosotros podemos ponerle un punto final.

Es importante que tomemos la costumbre de decirnos que podemos pasar a otra cosa, evitando, claro está, caer en otros pensamientos. Hay que parar y pasar a otra cosa o hacer otra cosa, ya que querer no pensar o querer huir de un problema es sinónimo de aferrarse más a él.

¿HASTA DÓNDE DEBEMOS DEJARNOS LLEVAR?

Resistirse a dejarse llevar a menudo está relacionado con el miedo a perder el control. Por eso, es importante que seamos conscientes de nuestras propias capacidades y de los límites externos.

Me dejo llevar hasta donde es aceptable y cómodo para mí, respetando a los demás, reconociendo que no puedo contentar a todo el mundo y que no tengo el control sobre los demás.

Si estoy estresado y cansado porque trabajo demasiado, pero mi trabajo representa algo muy importante en mi vida, puedo permitirme tomar unos días de vacaciones para descansar, mientras me digo que tengo derecho a hacerlo y que esto no tendrá consecuencias negativas en el futuro. Si tengo un jefe demasiado exigente que ve con malos ojos esta necesidad de tomar una pausa, puedo analizar si no valdría más encontrar un trabajo en un marco en el que mis distintas necesidades y mi vida privada serán más tomadas en cuenta.

Evidentemente, no resulta agradable cuando surgen otros problemas al dejarnos llevar, pero a veces esto puede resultar necesario. Soy yo quien tiene que ver lo que es útil que abandone y hasta dónde puedo ir, teniendo en cuenta lo que realmente es importante para mí.

¿CUÁL SERÁ EL MEJOR MÉTODO CON EL QUE LOGRARÉ DEJARME LLEVAR?

Tú serás quien deba encontrar y experimentar entre las distintas técnicas propuestas. Tienes que analizar de cuánto tiempo dispones y cuál es el alcance de tus problemas. Si crees que no puedes lograrlo solo, no dudes en buscar ayuda hablándolo con tus seres cercanos, siguiendo clases de relajación o acudiendo a un especialista.

Y, sobre todo, quítale drama a la vida y confía en ella.

¡Tu opinión nos interesa!
¡Deja un comentario en la página web de tu librería en línea,
y comparte tus favoritos en las redes sociales!

PARA IR MÁS ALLÁ

FUENTES BIBLIOGRÁFICAS

- André, Christophe. 2011. *Méditer jour après jour. 25 leçons pour vivre en pleine conscience*. París: L'Iconoclaste.

- Chödrön, Pema. 1997. *Entrer en amitié avec soi-même. Dire oui à la vie, se réconcilier avec soi-même et le monde*. París: Pocket, colección *Spiritualités*.

- de Smedt, Marc. 1983. *Techniques de méditation et pratiques d'éveil*. París: Albin Michel, colección *Spiritualités vivantes*.

- Farcet, Gilles. 2014. *Le choix d'être heureux*. Toulouse: UPPR.

- Jollien, Alexandre. 2012. *Petit traité de l'abandon. Pensées pour accueillir ta vie telle qu'elle se propose*. París: Seuil.

- Nhat Hanh, Thich. 2008. *La sérénité de l'instant. Illuminer le quotidien et vivre le moment présent*. París: J'ai lu.

- Nhat Hanh, Thich. 2008. *Le miracle de la pleine conscience. Manuel pratique de méditation*. París: J'ai lu.

- Ricard, Matthieu. 2003. *Plaidoyer pour le bonheur*. París: NiL Éditions.

- Suzuki, Shunryu. 1977. *Esprit Zen, esprit neuf.* París: Seuil, colección *Points Sagesses.*

- Townsend, Ina. 1997. *Yoga anti-stress.* París: Marabout.

- van Lysbeth, André. 1993. *J'apprends le yoga.* París: Flammarion.

- van Lysbeth, André. 1993. *La dynamique du souffle.* París: Flammarion.

- Vigne, Jacques. 2007. *Soigner son âme, méditation et psychologie.* París: Albin Michel.

50MINUTOS.es
Historia
Economía y empresa
Coaching
Book Review
Salud y bienestar
Arte y literatura
EL DIAGRAMA DE ISHIKAWA
Material   Método   Máquina
Madre Naturaleza   Medida   Hombres
LA GUERRA DE PALESTINA DE 1948
DOMINA EL ARTE DEL NETWORKING
¡APRENDER NUNCA ANTES FUE TAN RÁPIDO!
www.50minutos.es

www.50Minutos.es

ISBN ebook: 9782806299697

ISBN papel: 9782806299703

Depósito legal: D/2017/12603/395

Libro realizado por Primento, el socio digital de los editores